C000176840

Discover Dut

Learn Dutch through fun and
understandable stories

Beginner level (A1-A2)

Arthur Johanson

This book contains works of fiction. Names, characters, places, and incidents are either products of the author's imagination or used fictitiously. Any resemblance to actual events, locales, or persons, living or dead, is entirely coincidental.

ISBN: 9798852581396
Independently published in 2023

Discover Dutch Series

Discover Dutch Beginner is a part of the Discover Dutch Graded Reader series. Welcome to this exciting collection of books designed to accompany you on your language learning journey. Within this series, you will find carefully curated content tailored to your proficiency level, allowing you to progress and grow as a Dutch language learner.

The beginner level (A1-A2) is just the beginning. Discover Dutch Lower Intermediate (A2-B1) and Discover Dutch Upper Intermediate (B1-B2) await you, offering exciting challenges and opportunities for further language development. With each level, you will expand your vocabulary, refine your grammar, and gain a deeper understanding of the Dutch language and culture.

The Discover Dutch Graded Reader series is carefully structured to guide you on a progressive learning path. As you progress from one level to the next, you will notice your language skills improving, your confidence growing, and your ability to communicate in Dutch becoming more fluent. Each book in the series is a stepping stone to greater proficiency, offering a diverse range of themes and linguistic challenges.

Unlock the full potential of your language skills by exploring the complete Discover Dutch Graded Reader series.

Welcome to the Discover Dutch Graded Reader series. Enjoy the adventure!

Content Table

Introduction

Learning a language has never been easy. It requires dedication, practice, and a lot of perseverance. But the journey of language learning can also be exciting and rewarding, opening up a world of possibilities and opportunities.

If you're reading this, it means you have embarked on the journey of learning Dutch, one of the most fascinating languages in the world. Dutch is spoken by millions of people in the Netherlands, Belgium, and Suriname, and it is a gateway to understanding the rich cultures and histories of these regions.

In this graded reader book, we have carefully curated a collection of captivating stories specifically designed for Dutch learners at a beginner proficiency level.

Each story in this book is crafted with your learning needs in mind. We have carefully selected vocabulary and grammar structures appropriate for your proficiency level, ensuring that you can read and understand the stories comfortably with an appropriate level of challenge. Additionally, we have included comprehension questions and exercises after each story to reinforce your understanding and enable you to practice what you have learned.

But this book is more than just a collection of stories. It is an invitation to immerse yourself in the Dutch language and culture. Through the stories, you will not only improve your language skills, but also gain insights into the traditions, history, and everyday life of Dutch-speaking countries.

Remember, learning a language is not a race, but a marathon. It takes time and effort to develop proficiency. Don't be discouraged by challenges along the way; instead, see them as opportunities for growth. Celebrate every milestone, no matter how small, and enjoy the process of acquiring a new language.

So, get ready to embark on this linguistic adventure. Open the pages of this book and dive into the captivating stories that await you. Let the Dutch language come alive as you explore the narratives and immerse yourself in the beauty of the language.

Verhaal 1: Mijn Dag in het Park

Ik ben Emma. Ik <u>woon</u> in een <u>kleine stad</u>. <u>Vandaag</u> is een mooie dag en ik <u>besluit</u> naar het <u>park</u> te gaan. In het park zijn er veel <u>bomen</u>, <u>bloemen</u> en een groot <u>grasveld</u>.

Als ik in het park aankom, zie ik <u>kinderen spelen</u> op de <u>speelplaats</u>. Ze glijden van de <u>glijbaan</u> en schommelen op de <u>schommels</u>. Ik wil ook spelen! Ik ga naar de schommel en begin te schommelen. Het <u>voelt</u> zo leuk!

Ik ga van de schommel af en <u>wandel</u> naar het grasveld. Ik zie mensen <u>picknicken</u> en <u>genieten</u> van de <u>zon</u>. Ik besluit een kleed uit te spreiden en mijn lunch uit mijn tas te halen. Ik heb een boterham met kaas en een appel. Het smaakt heerlijk!

Terwijl ik eet, zie ik een hond lopen en spelen met een bal. Hij lijkt zo gelukkig! Ik wil ook met de hond spelen. Ik gooi de bal en de hond loopt erachteraan. We spelen samen en ik lach heel hard. Het is leuk om met een hond te spelen!

Na het spelen met de hond besluit ik een wandeling te maken. Ik loop langs een vijver en zie eenden zwemmen. Ze zijn zo schattig! Ik neem een foto van de eenden om het aan mijn familie te tonen. Ik hoop dat ze het leuk zullen vinden.

Het begint donker te worden, dus ik besluit om terug naar huis te gaan. Ik heb een geweldige dag gehad in het park. Ik voel me gelukkig en ontspannen. Het park is een geweldige plek om te zijn.

Vocabulary List:

Wonen: to live

Kleine stad: small city

Vandaag: today

Besluiten: to decide

Park: park

Bomen: trees

Bloemen: flowers

Grasveld: lawn

Kind(eren): child(ren)

Spelen: to play

Speelplaats: playground

Glijbaan: slide

Schommel: swing

Voelen: to feel

Wandelen: to walk

Picknicken: to have a picnic

Genieten: to enjoy

Zon: sun

Kleed: blanket

Lunch: lunch

Tas: bag

Boterham: sandwich

Kaas: cheese

Appel: apple

Heerlijk: delicious

Eten: to eat

Hond: dog

Bal: ball

Gooien: to throw

Wandeling: (a) walk

Vijver: pond

Eend(en): duck(s)

Zwemmen: to swim

Schattig: cute

Een foto nemen: to take a picture

Familie: family

Donker: dark

Terug naar huis gaan: to go back home

Geweldig: wonderful

Gelukkig: happy

Ontspannen: relaxed

Plek: place

Exercises:

<u>True or False:</u>

a) Emma lives in a big city. (True/False)

b) There are only trees in the park. (True/False)

c) Emma swings on the swing. (True/False)

d) Emma eats a sandwich with cheese and an apple. (True/False)

e) Emma takes pictures of flowers. (True/False)

<u>Fill in the blanks with the correct words:</u>

a) In het park zijn er veel bomen en _____.

b) Kinderen spelen op de _____.

c) Emma eet een boterham met _____ en een appel.

d) De hond _____ met de bal.

e) Emma loopt langs de _____ en ziet eenden.

Translate the following sentences to Dutch:

a) I live in a small city.

_____.

b) I want to play too!

_____.

c) It tastes delicious!

_____.

d) I throw the ball.

_____.

e) The park is a great place to be.

_____.

Match the Dutch words with their English translations:

1. Grasveld   a. Swing

2. Bloemen   b. Pond

3. Hond   c. Lawn

4. Schommel   d. Flowers

5. Vijver   e. Dog

Verhaal 2: De Verrassende Roadtrip

Er was eens een groep <u>vrienden</u>: Sanne, Thomas en
Jasmijn. Ze wilden een <u>avontuurlijke</u> roadtrip maken door
<u>Vlaanderen</u>. Ze stapten in hun <u>auto</u> en begonnen aan hun
reis.

Hun eerste <u>stop</u> was de <u>historische</u> <u>stad</u> Brugge. Ze liepen
door de <u>charmante</u> straatjes en <u>bewonderden</u> de
<u>middeleeuwse</u> <u>gebouwen</u>. Ze proefden Belgische
<u>chocolade</u> en genoten van een <u>boottocht</u> op de <u>grachten</u>.

Na Brugge reden ze naar de stad Antwerpen. Ze bezochten het diamantdistrict en leerden over de diamantindustrie. Ze beklommen ook de Onze-Lieve-Vrouwekathedraal en genoten van het uitzicht.

Hun volgende bestemming was Gent, een stad vol geschiedenis en cultuur. Ze bezochten het Gravensteen, een middeleeuws kasteel, en wandelden langs de grachten. Ze vonden de architectuur mooi en genoten van de sfeer van de stad.

De vrienden reden daarna naar Leuven, een stad bekend om zijn bier. Ze bezochten een brouwerij en leerden over het brouwproces. Ze proefden Belgische bieren en genoten van de gezelligheid in de lokale cafés.

Tijdens hun roadtrip ontdekten ze ook de natuur van Vlaanderen. Ze bezochten Nationaal Park Hoge Kempen en maakten een wandeling door de bossen. Ze genoten van de frisse lucht en de landschappen.

Als laatste stop van hun roadtrip reden ze naar de kust. Ze wandelden langs het strand, voelden het zand en luisterden naar het geluid van de golven. Ze genoten van

een heerlijke portie Vlaamse frietjes en keken naar de
zonsondergang.

Na een onvergetelijke roadtrip keerden Sanne, Thomas en
Jasmijn terug naar huis. Ze waren dankbaar voor de
mooie herinneringen en de vriendschap die ze hadden
opgebouwd tijdens hun avontuur in Vlaanderen.

Vocabulary List:

Vrienden: friends

Avontuurlijk: adventurous

Vlaanderen: Flanders (Dutch-speaking region of Belgium)

Auto: car

Stop: stop

Historisch: historical

Stad: city

Charmant: charming

Bewonderen: to admire

Middeleeuws: medieval

Gebouwen: buildings

Chocolade: chocolate

Boottocht: boat trip

Grachten: canals

Diamantdistrict: diamond district

Diamandindustrie: diamond industry

Beklimmen: to climb

Onze-Lieve-Vrouwekathedraal: Cathedral of Our Lady

Uitzicht: view

Geschiedenis: history

Cultuur: culture

Kasteel: castle

Architectuur: architecture

Sfeer: atmosphere

Bier: beer

Brouwerij: brewery

Brouwproces: brewing process

Gezelligheid: coziness

Lokaal: local

Natuur: nature

Nationaal Park Hoge Kempen: Hoge Kempen National Park

Wandeling: walk

Bossen: forests

Frisse lucht: fresh air

Landschappen: landscapes/sceneries

Laatste: last

Kust: coast

Strand: beach

Zand: sand

Geluid: sound

Golven: waves

Heerlijk: delicious

Portie: portion

Vlaamse frietjes: Belgian fries

Zonsondergang: sunset

Onvergetelijk: unforgettable

Dankbaar: grateful

Herinneringen: memories

Vriendschap: friendship

Avontuur: adventure

Exercises:

<u>True or False:</u>

a) Sanne, Thomas and Jasmijn want to make a road trip through Flanders. (True/False)

b) Their first stop is Brussels. (True/False)

c) They visit the famous Atomium in Antwerp. (True/False)

d) In Ghent they visit the Saint-Peters basilica. (True/False)

e) Their last stop is National Park Hoge Kempen. (True/False)

<u>Fill in the blanks with the correct words:</u>

a) De vrienden maken een _____ door Vlaanderen.

b) Ze bezoeken historische _____.

c) In Antwerpen leren ze over de _____.

d) Leuven staat bekend om hun _____.

e) In het park genieten van een wandeling door de
_____.

Translate the following sentences to Dutch:

a) They walked across the beach.

_____.

b) They enjoyed the fresh air.

_____.

c) Their first stop was the historical city of Bruges.

_____.

d) They visited a brewery.

_____.

Match the Dutch words with their English translations:

1. Natuur   a. Canals

2. Stad   b. City

3. Middeleeuws   c. Beach

4. Grachten   d. Medieval

5. Strand   e. Nature

23

Verhaal 3: De Reis van Woorden

Er was eens een jongen genaamd Luuk. Hij vond Nederlands een <u>interessante</u> <u>taal</u> en <u>wilde</u> er <u>graag meer</u> <u>over leren</u>. Hij besloot op <u>avontuur</u> te gaan in de <u>wereld</u> van de Nederlandse taal.

Luuk ging naar de <u>bibliotheek</u> en vond daar een <u>boek</u> vol met <u>woorden</u>. Hij las over de <u>geschiedenis</u> van het Nederlands en <u>ontdekte</u> dat het woorden uit andere <u>talen</u> heeft <u>geleend</u>, zoals <u>Engels</u>, <u>Frans</u> en <u>Duits</u>.

Daarna bezocht Luuk een museum over taal. Hij leerde over de regels van de Nederlandse taal, zoals hoe je werkwoorden kunt vervoegen en hoe je lidwoorden gebruikt.

Na het museum ging Luuk naar een taalcursus. Daar leerde hij nieuwe woorden en zinnen en oefende hij met spreken. Hij vond het soms lastig, maar de leraar hielp hem altijd.

Tijdens zijn reis ontmoette Luuk ook mensen die alleen Nederlands spraken. Hij luisterde en probeerde zelf ook te praten. Het was spannend.

Op een dag ging Luuk naar een café. Hij bestelde een kop koffie in het Nederlands en de ober begreep hem. Luuk was trots dat hij zich kon uitdrukken in het Nederlands.

Na een lange en leerzame reis keerde Luuk terug naar huis. Hij was blij met alles wat hij had geleerd. Hij was trots op zijn vooruitgang.

Luuk bleef Nederlands leren. Hij las boeken, deed taalspelletjes en praatte met mensen. Hij vond het leuk om zijn vaardigheden te verbeteren.

Vocabulary List:

Interessant: interesting

Taal: language

Ergens graag meer over willen leren: to want to learn more about something

Avontuur: adventure

Wereld: world

Bibliotheek: library

Boek: book

Woorden: words

Geschiedenis: history

Ontdekken: to discover

Talen: languages

Geleend: borrowed

Engels: English

Frans: French

Duits: German

Regels: rules

Nederlandse taal: Dutch language

Werkwoorden: verbs

Vervoegen: to conjugate

Lidwoorden: articles

Taalcursus: language course

Zinnen: sentences

Oefenen: to practice

Spreken: to speak

Soms: sometimes

Lastig: difficult

Leraar: teacher

Altijd: always

Ontmoeten: to meet

Luisteren: to listen

Proberen: to try

Spannend: exciting

Café: pub

Bestellen: to order

Kop koffie: cup of coffee

Ober: waiter

Begrijpen: to understand

Uitdrukken: to express

Lang: long

Leerzaam: educational

Terugkeren: to return

Huis: home

Trots: proud

Vooruitgang: progress

Leren: to learn

Taalspelletjes: language games

Vaardigheden: skills

Verbeteren: to improve

Exercises:

<u>True or False:</u>

a) Luuk want to learn Dutch. (True/False)

b) He goes to the library to learn more about the French language. (True/False)

c) Luuk visits a Dutch language museum. (True/False)

d) Luuk follows a language course to learn new sentences and words. (True/False)

e) Luuk orders a cup of tea at the pub. (True/False)

<u>Fill in the blanks with the correct words:</u>

a) Luuk wil graag meer over de Nederlandse _____ leren.

b) Hij leest boeken in de _____.

c) In het museum leert hij over de _____ van het Nederlands.

d) Na het museum gaat Luuk naar een _____.

e) Hij bestelt een kopje koffie in het _____.

Translate the following sentences to Dutch:

a) It was exciting.

_____.

b) He ordered a cup of coffee in Dutch.

_____.

c) He learned about the rules of the Dutch language.

_____.

d) He was proud of his progress.

_____.

Match the Dutch words with their English translations:

1. Bibliotheek   a. Language

2. Geschiedenis   b. Library

3. Boeken   c. History

4. Taalcursus   d. Books

5. Taal   e. Language course

Verhaal 4: Mijn Verrassende Dag

Ik ben Lucas. <u>Vandaag</u> is een speciale dag, want het is mijn <u>verjaardag</u>! Ik word acht jaar oud en ik ben erg <u>opgewonden</u>. Mijn <u>ouders</u> hebben me beloofd dat het een <u>verrassende</u> dag zal zijn.

<u>In de ochtend</u> word ik wakker en ik hoor mijn ouders <u>fluisteren</u> in de keuken. Ze zijn bezig met het <u>voorbereiden</u> van mijn <u>verjaardagsontbijt</u>. Ik <u>ruik</u> de <u>heerlijke geur</u> van <u>pannenkoeken</u>! Ik loop de <u>keuken</u> in en zie een <u>tafel</u> vol met <u>cadeautjes</u>. Ik kan niet <u>wachten</u> om ze te openen, maar eerst geniet ik van mijn ontbijt.

Na het ontbijt gaan we naar buiten. Mijn ouders nemen me mee naar een dierentuin! Ik hou van dieren en ik ben zo blij dat we hier naartoe gaan. We lopen langs verschillende dierenverblijven en ik zie leeuwen, tijgers, apen en zelfs pinguïns. Ik maak veel foto's om deze dag te kunnen herinneren.

Plotseling hoor ik muziek en zie ik een clown die ballonnen maakt. Hij komt naar me toe en geeft me een mooie ballon in de vorm van een giraf. Ik lach en bedank de clown. Het is zo leuk om hier te zijn!

Na de dierentuin gaan we naar een speelplaats. Ik speel op de schommel en glij van de glijbaan. Ik maak nieuwe vrienden en we spelen samen verstoppertje. Ik voel me zo gelukkig en speciaal op mijn verjaardag.

Als de middag voorbij gaat, nemen mijn ouders me mee naar een restaurant voor mijn verjaardagsdiner. Ze hebben mijn favoriete eten besteld: pizza! Ik geniet van mijn maaltijd en ik voel me zo dankbaar voor deze geweldige dag.

Na het eten gaan we terug naar huis. Mijn ouders brengen me naar mijn kamer en geven me een enorme verjaardagstaart. Ik blaas de kaarsen uit en maak een wens. Ik wens dat ik altijd gelukkig en gezond zal zijn.

Terwijl ik in bed lig en terugdenk aan de dag, voel ik me zo blij. Mijn verjaardag was geweldig en vol verrassingen. Ik ben dankbaar voor mijn lieve ouders en voor alle mensen die deze dag speciaal hebben gemaakt.

Vocabulary List:

Vandaag: today

Verjaardag: birthday

Opgewonden: excited

Ouders: parents

Verassende: surprising

In de ochtend: in the morning

Fluisteren: to whisper

Voorbereiden: to prepare

Verjaardagsontbijt: birthday breakfast

Ruiken: to smell

Heerlijke geur: delicious smell

Pannenkoeken: pancakes

Keuken: kitchen

Tafel: table

Cadeau(tjes): gift(s)

Wachten: to wait

Naar buiten gaan: to go outside

Dierentuin: zoo

Verschillende: various

Dierenverblijf: animal enclosure

Leeuw(en): lion(s)

Tijger(s): tiger(s)

Aap/apen: monkey(s)

Pinguïn(s): penguin(s)

Foto('s): photo(s)

Herinneren: to remember

Plotseling: suddenly

Muziek: music

Ballon(nen): balloon(s)

In de vorm van een giraf: giraffe-shaped

Lachen: to smile/to laugh

Schommel: swing

Glijbaan: slide

Speelplaats: playground

Verstoppertje: hide and seek

Gelukkig: happy, satisfied

Speciaal: special

Middag: noon

Verjaardagsdiner: birthday dinner

Dankbaar: grateful

Kamer: room

Enorm: enormuous

Verjaardagstaart: birthday cake

Kaarsen: candles

Wens: wish

Altijd: always

Gezond: healthy

Terwijl: while

Liggen: to lay

Terugdenken aan: to think back to

Blij: happy

Exercises:

<u>True or False:</u>

a) It's Lucas' birthday today. (True/False)

b) Lucas goes to the zoo. (True/False)

c) Lucas receives a tiger-shaped balloon. (True/False)

d) They eat pizza for dinner. (True/False)

e) Lucas wishes he will forever be healthy. (True/False)

<u>Fill in the blanks with the correct words:</u>

a) Lucas wordt _____ jaar oud.

b) Hij ruikt 's ochtends de heerlijke geur van

_____.

c) In de dierentuin ziet hij _____, apen, leeuwen en pinguïns.

d) Lucas speelt op de _____ en glijdt van de

_____.

e) Lucas wenst dat hij altijd gelukkig en _____ zal zijn.

Translate the following sentences to Dutch:

a) Today is a special day.

_____.

b) I take a lot of pictures.

_____.

c) They ordered my favorite food.

_____.

d) I enjoy my meal.

_____.

e) I love animals.

_____.

Match the Dutch words with their English translations:

1. Pannenkoeken   a. Present(s)

2. Leeuwen   b. Pizza

3. Verstoppertje   c. Lions

4. Cadeau(tjes)   d. Pancakes

5. Pizza   e. Hide and seek

Verhaal 5: Het Bijzondere Delfts Blauwe Tegeltje

Er was eens een <u>jongen</u> genaamd Jonas. Hij hield van <u>geschiedenis</u> en was altijd <u>nieuwsgierig</u> naar <u>oude</u> <u>voorwerpen</u>. Op een dag bezocht Jonas een <u>museum</u> in Nederland. Terwijl hij door de <u>gangen</u> liep, zag hij een <u>bijzonder</u> <u>Delfts blauw tegeltje</u>.

Het tegeltje had een <u>afbeelding</u> van een <u>windmolen</u> en een <u>koe</u>. Jonas vond het <u>prachtig</u> en <u>wilde meer te weten</u> <u>komen</u> over de geschiedenis ervan. Hij vroeg een <u>medewerker</u> om <u>informatie</u>.

De medewerker vertelde Jonas dat Delfts blauw aardewerk een belangrijk onderdeel is van de Nederlandse geschiedenis. Het werd voor het eerst geproduceerd in de 17e eeuw en werd wereldwijd bekend.

Het Delfts blauwe aardewerk wordt gemaakt in de stad Delft. Kunstenaars beschilderen de tegeltjes met blauwe verf. Ze maken afbeeldingen van landschappen, molens, dieren en nog veel meer.

Jonas wilde graag zelf een Delfts blauw tegeltje beschilderen. De medewerker nam hem mee naar een workshop waar hij dat kon leren.

Jonas kreeg een wit tegeltje en verf in verschillende tinten blauw. Hij volgde de instructies van de workshopdocent en begon te schilderen. Het was niet gemakkelijk.

Toen Jonas klaar was, had hij zijn eigen unieke Delfts blauwe tegeltje gemaakt. Hij was trots op zijn kunstwerk en nam het mee naar huis.

Hij was blij dat hij een stukje van de geschiedenis zelf had kunnen ervaren.

Vocabulary List:

Jongen: boy

Geschiedenis: history

Nieuwsgierig: curious

Oud: old

Voorwerpen: objects

Museum: museum

Gangen: hallways

Bijzonder: special/particular

Delfts blauw tegeltje: Delft blue tile

Afbeelding: image

Windmolen: windmill

Koe: cow

Prachtig: beautiful

Meer te weten willen komen: to want to learn more

Medewerker: staff member

Informatie: information

Aardewerk: pottery

Belangrijk onderdeel: important part

Produceren: to produce

17e eeuw: 17th century

Wereldwijd: worldwide

Bekend worden: become known

Stad: city

Kunstenaars: artists

Beschilderen: to paint

Verf: paint

Landschappen: landscapes

Molens: mills

Dieren: animals

En nog veel meer: and much more

Zelf: himself/herself

Meenemen naar: take along to

Wit: white

Verschillende tinten blauw: different tints of blue

Instructies: instructions

Workshopdocent: workshop teacher

Gemakkelijk: easy

Toen: when

Klaar zijn: to be ready

Eigen: own

Uniek: unique

Trots: proud

Kunstwerk: artwork

Een stukje van de geschiedenis: a piece of history

Ervaren: to experience

Exercises:

True or False:

a) Jonas loves history. (True/False)

b) The Delft Blue Tile always has the picture of a mill. (True/False)

c) The first tiles were made in the 18th century. (True/False)

d) Jonas wanted to pant his own blue tile. (True/False)

e) Hij was happy with his personally painted tile. (True/False)

Fill in the blanks with the correct words:

a) Jonas zag een _____ Delfts blauw tegeltje in het museum.

b) Het aardewerk werd voor het eerst geproduceerd in de _____ eeuw.

c) Hij was trots op zijn zelfgemaakte _____.

d) Jonas volgde een _____ waar hij leerde hoe hij een tegeltje moest beschilderen.

Translate the following sentences to Dutch:

a) The tile had a picture of a windmill and a cow.

_____.

b) It was first produced in the 17th century.

_____.

c) Jonas received a white tile.

_____.

d) He was proud of his artwork.

_____.

Match the Dutch words with their English translations:

1. Geschiedenis   a. History

2. Afbeelding   b. Windmill

3. Stad   c. City

4. Kunstenaars   d. Artists

5. Windmolen   e. Image

Verhaal 6: Het Geheimzinnige Verdwenen Voorwerp

Er was eens een detective genaamd Tom. Hij was nieuwsgierig en hield ervan om mysterieuze zaken op te lossen. Op een dag kreeg hij een telefoontje van een wanhopige mevrouw. Haar ketting was verdwenen.

Tom ging naar het huis van mevrouw Jansen om de zaak te onderzoeken. Hij stelde vragen en zocht naar aanwijzingen. Plotseling zag hij iets glinsteren onder de bank. Het was de ketting!

Tom was <u>blij</u> dat hij de ketting had gevonden, maar hij vroeg zich af hoe het onder de bank <u>terecht</u> was <u>gekomen</u>. Hij besloot <u>verder</u> te onderzoeken.

Tom <u>sprak</u> met alle mensen die in het huis waren <u>op het moment van</u> de verdwijning. Hij ontdekte dat de <u>hond</u> van mevrouw Jansen, Max, vaak kleine voorwerpen <u>verstopte</u>.

Tom vond de ketting en was blij. Maar hij wilde <u>voorkomen</u> dat <u>zoiets</u> <u>opnieuw</u> zou <u>gebeuren</u>. Hij <u>bedacht</u> een <u>idee</u> om mevrouw Jansen te helpen.

Hij zei: "Mevrouw Jansen, ik denk dat het goed zou zijn om Max naar een <u>hondentraining</u> te <u>sturen</u>. Daar kan hij leren om geen <u>dingen</u> meer te verstoppen. <u>Op die manier</u> zal uw ketting <u>veilig</u> zijn."

Mevrouw Jansen begreep Tom's <u>suggestie</u> en <u>antwoordde</u>: "Ja, dat klinkt als een goed plan. Ik wil niet dat er nog meer spullen verdwijnen. Ik zal Max naar de hondentraining <u>brengen</u>."

Iedereen was blij dat de ketting <u>was teruggevonden</u>. Mevrouw Jansen bedankte Tom voor zijn <u>oplossing</u> en gaf hem een beloning. Tom was tevreden dat hij het mysterie had opgelost.

Vocabulary List:

Nieuwsgierig: curious

Ervan houden: to love it/something

Mysterieus: mysterious

Zaken: business/matters

Telefoontje: phone call

Wanhopig: desperate

Ketting: necklace

Verdwenen: disappeared

Onderzoeken: to investigate

Aanwijzingen: clues

Plotseling: suddenly

Glinsteren: to sparkle

Bank: couch

Blij: happy

Ergens terechtkomen: to end up somewhere

Verder: further

Spreken: to speak

Op het moment van: at the moment of

Hond: dog

Verstoppen: to hide

Voorkomen: to prevent

Zoiets: something similar

Opnieuw gebeuren: to happen again

Bedenken: to think of

Idee: idea

Hondentraining: dog training

Sturen: to send

Dingen: things

Op die manier: that way

Veilig: safe

Suggestie: suggestion

Antwoorden: to answer

Brengen: to bring

Teruggevonden zijn: to have been recovered

Oplossing: solution

Beloning: reward

Tevreden: satisfied

Mysterie: mystery

Oplossen: to solve

Exercises:

<u>True or False:</u>

a) Tom is a detective. (True/False)

b) Miss Jansen's chain was lost. (True/False)

c) Tom found the chain under the bed. (True/False)

d) Max is miss Jansen's dog. (True/False)

e) Tom thanked miss Jansen for her help. (True/False)

<u>Fill in the blanks with the correct words:</u>

a) Tom onderzoekt de _____ van de ketting.

b) Hij ziet iets _____ onder de bank.

c) Max heeft de neiging om kleine _____ te verstoppen.

d) Tom geeft advies om Max naar _____ te sturen.

e) Mevrouw Jansen bedankte Tom en gaf hem een

_____.

Translate the following sentences to Dutch:

a) Tom was satisfied that he had solved the mystery.

_____.

b) He decided to investigate further.

_____.

c) Her chain had disappeared.

_____.

d) He asked questions and searched for clues.

_____.

Match the Dutch words with their English translations:

1. Telefoontje   a. Object

2. Verdwenen   b. To investigate

3. Voorwerp   c. Phone call

4. Onderzoeken   d. Disappeared

5. Bank   e. Couch

Verhaal 7: Mijn Nieuwe Vriend

Hallo, ik ben Lisa. Vandaag is een <u>ongewone</u> dag voor mij. Ik speel <u>meestal</u> in mijn <u>achtertuin</u>, maar vandaag besluit ik een <u>avontuur</u> te beleven.

Ik loop naar het park, waar ik een groot <u>grasveld</u> zie. Er zijn veel kinderen aan het spelen op de speelplaats. Ik <u>glimlach</u> als ik de <u>schommels</u> en de <u>glijbaan</u> zie. Ik kijk om me heen en zie een <u>hond</u> die <u>rondrent</u> en speelt met een <u>bal</u>. Hij lijkt zo blij! Ik ga naar hem toe en aai hem voorzichtig. Hij is zo <u>vriendelijk</u> en <u>kwispelt</u> met zijn <u>staart</u>.

Ik noem hem Max. Max en ik worden meteen vrienden.
Hij begint te rennen en ik ren met hem mee over het
grasveld. We hebben zoveel plezier samen.

Na een tijdje worden we moe en besluiten we om naar
een grote boom te gaan en te rusten. We kijken naar de
vogels die in de bomen zitten en genieten van de zon.

Het is een perfecte dag. Uiteindelijk moet ik teruggaan
naar huis, maar ik weet dat ik een nieuwe vriend heb
gevonden in Max. We zullen zeker nog veel meer
avonturen beleven in de toekomst!

Vocabulary List:

Ongewoon: unusual

Meestal: mostly/usually

Achtertuin: backyard

Avontuur: adventure

Grasveld: lawn

Glimlachen: to smile

Schommel: swing

Glijbaan: slide

Hond: dog

Rondrennen: to run around

Bal: ball

Vriendelijk: friendly

Kwispelen: to wag

Staart: tail

Ren(nen): to run

Plezier: fun

Na een tijdje: after a while/after some time

Boom: tree

Vogel(s): bird(s)

Zon: sun

Teruggaan: to go back

Nieuw: new

Toekomst: future

Exercises:

<u>True or False:</u>

a) Lisa decides to go on an adventure. (True/False)

b) Lisa usually plays in the park. (True/False)

c) Lisa pets a dog in the park. (True/False)

d) Max and Lisa both run on the yard. (True/False)

e) Lisa is tired and decides to go home. (True/False)

<u>Fill in the blanks with the correct words:</u>

a) De kinderen spelen op de _____.

b) Lisa speelt met een _____ in het park.

c) Max en Lisa zijn _____ geworden.

d) Lisa en Max _____ samen over het grasveld.

e) Ze rusten onder een grote _____.

Translate the following sentences to Dutch:

a) It's a perfect day.

_____.

b) I usually play in my backyard.

_____.

c) Today is an unusual day for me.

_____.

d) He seems so happy.

_____.

Match the Dutch words with their English translations:

1. Achtertuin   a. Lawn

2. Vogel(s)   b. Dog

3. Boom   c. Tree

4. Grasveld   d. Backyard

5. Hond   e. Bird(s)

Verhaal 8: De Verloren Liefdesbrief

Er was eens een <u>meisje</u> genaamd Tessa. Ze was <u>verlegen</u>, maar had een <u>hart</u> vol <u>liefde</u>. Op een dag vond ze een <u>briefje</u> op straat. Het briefje was een <u>liefdesbrief</u> voor een meisje, maar de <u>afzender</u> was <u>onbekend</u>.

Tessa besloot de afzender te zoeken. Ze ging naar haar <u>vrienden</u> in het <u>dorp</u> en vroeg of iemand wist wie de brief had geschreven. Maar <u>niemand</u> wist het antwoord.

<u>Teleurgesteld</u> <u>ging</u> Tessa <u>terug</u> naar <u>huis</u>. <u>Onderweg</u> zag ze een jongen die naar haar <u>glimlachte</u>. Hij stond daar met

een verlegen <u>blik</u> in zijn ogen. Tessa vroeg of hij de afzender was.

De jongen, genaamd Tim, werd <u>rood</u> en <u>knikte</u>. Hij <u>vertelde</u> Tessa dat hij <u>verliefd was</u> op een meisje, maar hij wist niet hoe hij haar zijn <u>gevoelens</u> moest vertellen.

Tessa wilde helpen en bedacht een plan. Samen schreven ze een nieuwe brief met lieve <u>woorden</u>. Ze vroegen Tim's vrienden om te helpen bij het <u>bezorgen</u> van de brief aan het meisje.

De volgende dag gaven ze de brief aan het meisje. Ze was <u>verrast</u> en <u>blij</u> toen ze de woorden las. Ze rende naar Tim en <u>bedankte</u> hem voor zijn lieve woorden.

Tim en het meisje werden goede vrienden en <u>genoten</u> van elkaars <u>gezelschap</u>. Tessa was blij dat ze had kunnen helpen.

Vocabulary List:

Meisje: girl

Verlegen: shy

Hart: heart

Liefde: love

Briefje: letter

Liefdesbrief: loveletter

Afzender: sender

Onbekend: unknown

Vrienden: friends

Dorp: village

Niemand: nobody

Teleurgesteld: disappointed

Teruggaan: to go back

Huis: home

Onderweg: en route/on the way

Glimlachen: to smile

Blik: look

Rood: red

Knikken: to nod

Vertellen: to tell

Verliefd zijn: to be in love

Gevoelens: feelings

Woorden: words

Bezorgen: to deliver

Verrast: surprised

Blij: happy

Bedanken: to thank

Genieten: to enjoy

Gezelschap: company

Exercises:

<u>True or False:</u>

a) Tessa finds a loveletter on the street. (True/False)

b) Tessa's friends know who wrote the letter. (True/False)

c) Tim is in love with Tessa. (True/False)

d) Tessa and Tim write a new letter. (True/False)

e) The girl is happy with the loveletter. (True/False)

<u>Fill in the blanks with the correct words:</u>

a) Tessa is een _____ meisje.

b) Ze vindt een _____ op straat.

c) Tim is de _____ van de brief.

d) Ze schrijven een brief met lieve _____.

e) Het meisje is _____ en bedankt Tim.

Translate the following sentences to Dutch:

a) Tessa was happy she could help them.

_____.

b) The letter was a loveletter for a girl.

_____.

c) On the way she saw a boy who smiled at her.

_____

_____.

d) Together they wrote a new letter

_____.

Match the Dutch words with their English translations:

1. Verlegen   a. Village

2. Hart   b. Surprised

3. Brief   c. Shy

4. Verrast   d. Letter

5. Dorp   e. Heart

Verhaal 9: De Magische Ster

Er was eens een <u>meisje</u> genaamd Angela. Ze hield ervan om naar de <u>sterren</u> te kijken. Op een nacht zag ze een <u>stralende ster</u> aan de <u>hemel</u>. De ster zag er anders uit dan de andere sterren.

Angela voelde zich <u>aangetrokken</u> tot de ster en besloot ernaar te <u>reizen</u>. Ze volgde de ster met haar <u>ogen</u> terwijl ze door een <u>donker</u> <u>bos</u> liep. <u>Plotseling</u> begon de ster te <u>schijnen</u> en ze voelde een <u>warme</u> <u>gloed</u> om haar heen.

Angela volgde de ster naar een open veld, waar ze een prachtige tuin ontdekte. De bloemen in de tuin waren helder en kleurrijk. In het midden van de tuin stond een boom met glinsterende bladeren.

Toen Angela dichterbij kwam, zag ze dat er een licht uit de boom straalde. Ze strekte haar hand uit en raakte voorzichtig een blad aan. Het blad begon te glinsteren en er verscheen een klein wezen.

Het wezen, genaamd Twinkel, was een elfje. Ze vertelde Angela dat de ster haar had uitgekozen voor een bijzondere taak. Ze moest een betoverde sleutel vinden om een geheimzinnige schatkist te openen.

Angela was opgewonden en begon haar zoektocht. Ze reisde door betoverde bossen, klom op hoge bergen en doorkruiste diepe rivieren. Uiteindelijk vond ze de sleutel verborgen in een grot.

Met de sleutel in haar hand keerde Angela terug naar de tuin. Ze opende de schatkist en daar lag een fonkelende steen. Het was de bron van het magische licht in de boom.

Twinkel bedankte Angela voor haar <u>moed</u> en <u>vastberadenheid</u>. Ze vertelde haar dat de ster altijd over haar zou <u>waken</u> en haar <u>wensen</u> zou laten <u>uitkomen</u>. Angela nam afscheid van Twinkel en keerde terug naar huis, met een hart vol <u>verwondering</u>.

Vanaf die dag keek Angela elke <u>avond</u> naar de sterren en wist ze dat er altijd iets magisch te ontdekken is. Ze had geleerd dat <u>avonturen</u> soms dichterbij zijn dan je denkt, en dat zelfs een gewoon meisje zoals zij een <u>buitengewoon</u> verhaal kon beleven.

Vocabulary List:

Meisje: girl

Sterren: stars

Stralende ster: shining star

Hemel: sky

Aangetrokken: attracted

Reizen: to travel

Ogen: eyes

Donker: dark

Bos: forest

Plotseling: suddenly

Schijnen: to shine

Warm: warm

Gloed: glow

Open veld: open field

Tuin: garden

Bloemen: flowers

Helder: bright

Kleurrijk: colorful

Boom: tree

Glinsterende: sparkling

Bladeren: leaves

Voorzichtig: carefully

Wezen: creature

Elfje: elf

Uitgekozen: chosen

Bijzondere: special

Taak: task

Betoverde: enchanted

Sleutel: key

Geheimzinnig: mysterious

Schatkist: treasure chest

Opgewonden: excited

Zoektocht: quest

Hoog: high

Berg: mountain

Doorkruisen: to traverse

Diep: deep

Rivier: river

Verborgen: hidden

Grot: cave

Terugkeren: to return

Fonkelende: sparkling

Steen: stone

Bron: source

Licht: light

Moed: courage

Vastberadenheid: determination

Waken: to watch over

Wensen: wishes

Uitkomen: to come true

Verwondering: wonder

Avond: evening

Avontuur: adventure

Buitengewoon: extraordinary

Exercises:

<u>True or False:</u>

a) Angela loves watching the stars. (True/False)

b) The star leads Angela to an open field. (True/False)

c) In the garden Angela meets a elf called Twinkel. (True/False)

d) Angela has to find a key to open a treasure chest. (True/False)

e) The sparklnig stone in the treasure chest is the source of the magical light. (True/False)

<u>Fill in the blanks with the correct words:</u>

a) Angela voelt zich _____ tot de stralende ster.

b) Ze volgt de ster naar een prachtige _____.

c) In de boom ontdekt Angela een _____ blad.

d) Het wezen, Twinkel, is een _____.

e) Angela vindt de sleutel verborgen in een _____.

Translate the following sentences to Dutch:

a) She loved watching the stars.

_____.

b) It was the source of the magical light.

_____.

c) She followed the star with her eyes.

_____.

d) The flowers in the garden were bright and colorful.

_____

_____.

Match the Dutch words with their English translations:

1. Hemel   a. Carefully

2. Voorzichtig   b. Enchanted

3. Bloemen   c. Source

4. Bron   d. Sky

5. Betoverde   e. Flowers

Verhaal 10: De Verloren Kat

Er was eens een <u>meisje</u> genaamd Jozefien. Ze hield van <u>dieren</u> en vooral van <u>katten</u>. Op een dag zag ze een kleine kat bij haar huis. De kat was <u>verdwaald</u> en zag er <u>een beetje bang</u> uit.

Jozefien besloot de kat te <u>helpen</u>. Ze pakte een <u>kom</u> met wat <u>melk</u> en <u>zette</u> het voor de kat <u>neer</u>. De kat <u>rook</u> de melk en begon te drinken. Jozefien glimlachte en <u>streelde zachtjes</u> over de kat haar <u>hoofd</u>.

Jozefien wist dat ze de eigenaar van de kat moest vinden. Ze maakte een foto van de kat en printte het uit. Ze ging naar haar buren en liet de foto aan hen zien. Gelukkig herkenden haar buren de kat. Het bleek dat de kat Whiskers was en hij woonde vlakbij.

Samen met haar buren bracht Jozefien Whiskers terug naar zijn huis. De eigenaar was blij en bedankte Jozefien voor het vinden van zijn geliefde kat. Jozefien voelde zich goed dat ze kon helpen.

Vanaf die dag groeide de vriendschap tussen Jozefien en Whiskers. Whiskers kwam vaak bij Jozefien op bezoek en ze speelden samen in de tuin. Jozefien had een nieuwe vriend gevonden en Whiskers was nooit meer verdwaald.

Vocabulary List:

Meisje: girl

Dieren: animals

Katten: cats

Huis: house

Verdwaald: lost

Een beetje bang: a little scared

Helpen: to help

Kom: bowl

Melk: milk

Neerzetten: to put down

Ruiken: to smell

Glimlachen: to smile

Strelen: to stroke

Zachtjes: gently

Hoofd: head

Eigenaar: owner

Foto: photo

Uitprinten: to print

Buren: neighbors

Herkennen: to recognize

Vlakbij: nearby

Samen: together

Terugbrengen: to bring back

Bedanken: to thank

Geliefde: beloved

Vriendschap: friendship

Bezoeken: to visit

Tuin: garden

Nooit meer: never again

Exercises:

<u>True or False:</u>

a) Jozefien doesn't like cats. (True/False)

b) The cat was a bit scared. (True/False)

c) Jozefien found the owner of the cat. (True/False)

d) The cat owner was angry towards Jozefien. (True/False)

e) Jozefien and Whiskers both play together in the garden. (True/False)

<u>Fill in the blanks with the correct words:</u>

a) Jozefien zette een kom met _____ neer voor de kat.

b) De buren herkenden de kat op de _____.

c) Jozefien _____ Whiskers terug naar zijn huis.

d) De eigenaar was _____ en bedankte Jozefien.

e) Jozefien en Whiskers werden _____.

Translate the following sentences to Dutch:

a) The cat was lost.

_____.

b) She took a picture of the cat.

_____.

c) Thankfully, her neighbors recognized the cat.

_____.

d) Jozefien had found a new friend

_____.

e) She liked animals and mostly liked cats.

_____.

Match the Dutch words with their English translations:

1. Strelen   a. Girl

2. Verdwaald   b. House

3. Foto   c. Lost

4. Huis   d. Photo

5. Meisje   e. Stroke

Verhaal 11: Het Muzikale Avontuur

Er was eens een meisje genaamd Roos. Ze hield van muziek en was op zoek naar liedjes om te luisteren. Op een dag hoorde ze over de rijke muziekgeschiedenis van Nederland en besloot ze op muzikaal avontuur te gaan.

Roos begon haar reis door te luisteren naar Nederlandse artiesten. Ze ontdekte dat Nederlandse muziek divers en uniek is. Er waren artiesten die pop, rock, rap en zelfs volksmuziek maakten.

Roos haar favoriete Nederlandse artiest was Marco Borsato. Ze hield van zijn liedjes en kon zich inleven in de teksten. Ze luisterde naar zijn nummers zoals "Dromen zijn bedrog" en "Rood".

Tijdens haar reis ontdekte Roos ook Nederlandse bands zoals Golden Earring en Kensington. Ze genoot van de rockmuziek en zong mee met hun hits. Ze begon zelfs gitaar te leren spelen om hun nummers na te kunnen spelen.

Roos leerde ook over de Nederlandse dance- en elektronische muziekscene. Ze ontdekte DJ's zoals Tiësto en Armin van Buuren, die wereldwijd bekend zijn. Ze danste op hun beats.

Naast moderne muziek, werd Roos ook geïntroduceerd in de Nederlandse volksmuziek. Ze luisterde naar liedjes zoals "Tulpen uit Amsterdam" en "Het kleine café aan de haven". Deze vrolijke en nostalgische nummers brachten haar in een feeststemming.

Roos besloot haar eigen lied te schrijven. Ze schreef een tekst over haar liefde voor muziek en haar reis door de

Nederlandse muziekwereld. Ze deelde haar liedje met haar vrienden en merkte hoe muziek mensen kan verbinden.

Roos was dankbaar voor haar avontuur. Ze besefte dat muziek een medium is dat emoties overbrengt en mensen kan inspireren. Ze bleef nieuwe Nederlandse artiesten ontdekken en genoot van de diversiteit en creativiteit in de Nederlandse muziekwereld.

Vocabulary List:

Muziek: music

Liedjes: songs

Luisteren: to listen

Rijk: rich

Muziekgeschiedenis: music history

Muzikaal avontuur: musical adventure

Artiesten: artists

Divers: diverse

Uniek: unique

Volksmuziek: folk music

Favoriet: favorite

Inleven: to empathize

Teksten: lyrics

Nummers: songs

Meezingen: to sing along

Gitaar: guitar

Wereldwijd: worldwide

Dansen: to dance

Introduceren: to introduce

Tulpen: tulips

Haven: harbor

Vrolijk: cheerful

Nostalgisch: nostalgic

Feeststemming: festive mood

Reis: journey

Verbinden: to connect

Emoties: emotions

Inspireren: to inspire

Ontdekken: to discover

Diversiteit: diversity

Creativiteit: creativity

Exercises:

<u>True or False:</u>

a) Roos loves music. (True/False)

b) Dutch music is diverse and unique. (True/False)

c) Marco Borsato is a Dutch singer. (True/False)

d) Roos does not listen to Dutch rockbands. (True/False)

e) Roos writes her own song. (True/False)

<u>Fill in the blanks with the correct words:</u>

a) Roos luistert naar Nederlandse _____.

b) Ze luisterde naar verschillende _____ zoals "dromen zijn bedrog."

c) Roos begint _____ te spelen om nummers na te kunnen spelen.

d) Ze merkte op hoe _____ mensen kan verbinden.

e) Roos schrijft haar eigen _____.

Translate the following sentences to Dutch:

a) Roos was thankful for her experience.

_____.

b) She wrote a text about her love for music.

_____.

c) She shared her song with her friends.

_____.

d) She kept discovering new Dutch artists.

_____.

Match the Dutch words with their English translations:

1. Muziekgeschiedenis   a. Songs

2. Artiesten   b. Lyrics

3. Bekend   c. Music history

4. Nummers   d. Artists

5. Teksten   e. Famous

Verhaal 12: De Nieuwe Buurvrouw

Ik woon in een rustige straat met gezellige huizen. Er kwam een nieuwe buurvrouw naast mij wonen. Haar naam was Maria. Ze was vriendelijk en glimlachte altijd. Ik besloot haar te verwelkomen en klopte op haar deur.

"Goedemiddag, ik ben Anja, jouw nieuwe buurvrouw," zei ik met een glimlach. Maria begroette me en nodigde me uit om binnen te komen. Haar huis was net en gevuld met planten.

We begonnen te praten en ik ontdekte dat we veel gemeen hadden. We hielden allebei van wandelen, koken en lezen. Maria vertelde me over haar favoriete gerechten en ik vertelde haar over mijn favoriete boeken.

Na een tijdje vroeg Maria of ik zin had om samen een wandeling te maken. Ik had inderdaad zin in een wandeling. We liepen door het park en genoten van de frisse lucht. Maria wees naar de bloemen langs de weg en vertelde me hun namen.

Terug in onze straat nodigde ik Maria uit voor een kopje thee in mijn tuin. We zaten op de veranda en praatten over onze dromen en plannen. Het voelde alsof we elkaar al lang kenden.

Sinds die dag zijn Maria en ik goede vriendinnen geworden. We brengen vaak tijd met elkaar door. We delen recepten, gaan samen naar de bibliotheek en helpen elkaar met klusjes in huis. Ik ben zo dankbaar voor de nieuwe buurvrouw die ik heb gevonden.

Vocabulary List:

Rustig: quiet

Straat: street

Gezellig: cozy

Nieuwe: new

Buurvrouw: neighbor (female)

Vriendelijk: friendly

Glimlachen: to smile

Verwelkomen: to welcome

Klopte op haar deur: knocked on her door

Goedemiddag: good afternoon

Begroette me: greeted me

Uitnodigen: to invite

Binnenkomen: to come inside

Net: tidy

Planten: plants

Gemeen hebben: to have in common

Wandelen: to walk

Koken: to cook

Lezen: to read

Gerechten: dishes

Boeken: books

Na een tijdje: after some time

Wandeling: a walk

Frisse lucht: fresh air

Namen: names

Kopje thee: cup of tea

Tuin: garden

Dromen: dreams

Plannen: plans

Elkaar: each other

Vriendinnen: friends (female)

Bibliotheek: library

Klusjes: chores

Dankbaar: grateful

Exercises:

<u>True or False:</u>

a) Anja is the Maria's new neighbor. (True/False)

b) Maria has a messy house. (True/False)

c) Anja and Maria both love going for a walk. (True/False)

d) They talk about the flowers in the park. (True/False)

e) Anja invites Maria for coffee. (True/False)

<u>Fill in the blanks with the correct words:</u>

a) Anja klopt op de deur van haar _____.

b) Maria en Anja wandelen samen in het _____.

c) Ze drinken een kopje _____ in Anja's tuin.

d) Ze delen recepten en gaan samen naar de

_____.

e) Anja is _____ voor haar nieuwe buurvrouw.

Translate the following sentences to Dutch:

a) I live on a quiet street.

_____.

b) It felt like we knew each other for a long time already

_____
_____.

c) Her house was tidy and filled with plants

_____.

d) Maria pointed at the beautiful flowers by the road.

_____
_____.

Match the Dutch words with their English translations:

1. Rustig   a. To walk

2. Wandelen   b. Neighbor (female)

3. Dankbaar   c. Tidy

4. Net   d. Quiet

5. Buurvrouw   e. Grateful

Verhaal 13: De Magische Zonsondergang

In een klein <u>dorpje</u> aan de <u>kust</u> woonde een meisje genaamd Sarah. Sarah hield van de <u>zee</u> en het <u>strand</u>. Elke <u>avond</u> ging ze naar het strand om te genieten van de prachtige <u>zonsondergang</u>.

Op een <u>bijzondere</u> avond, terwijl Sarah op het strand liep, zag ze een <u>schitterend</u> licht dat uit de zee <u>opsteeg</u>. Ze kon haar ogen niet geloven toen ze ontdekte dat het een <u>magische</u> <u>zeemeermin</u> was! De zeemeermin had een prachtige <u>staart</u> en schitterende <u>schubben</u>.

De zeemeermin glimlachte naar Sarah en vroeg: "Wil je een avontuur beleven?" Sarah was sprakeloos van opwinding en knikte enthousiast. De zeemeermin nam Sarah bij de hand en ze doken samen in de zee.

Onderwater was er een betoverende wereld vol kleurrijke vissen en koraalriffen. Ze zwommen langs vissen en kwamen een vriendelijke zeeschildpad tegen. De schildpad vertelde hen over een grot waar een schat te vinden was.

Sarah en de zeemeermin willen de schat vinden. Ze volgden de schildpad naar de grot. Daar vonden ze een kist vol parels en edelstenen. Het was adembenemend!

Terwijl ze de schat bewonderden, realiseerden Sarah en de zeemeermin dat ze terug naar de kust moesten keren voordat de zon onderging. Ze zwommen snel terug.

Toen Sarah naar de kust keek, zag ze de meest prachtige zonsondergang die ze ooit had gezien. De lucht was gevuld met kleuren - oranje, roze en goud. Het was alsof de lucht een schilderij was.

Sarah bedankte de zeemeermin voor het <u>ongelooflijke</u> avontuur en <u>nam afscheid</u>. Ze besloot deze bijzondere <u>ervaring</u> altijd in haar <u>hart</u> te <u>bewaren</u>.

Vanaf die dag bleef Sarah terugkomen naar het strand om te genieten van de zonsondergangen. Ze <u>koesterde</u> de herinnering aan haar ontmoeting met de magische zeemeermin en de schat die ze samen hadden ontdekt.

Vocabulary List:

Dorpje: small village

Kust: coast

Zee: sea

Avond: evening

Strand: beach

Zonsondergang: sunset

Bijzonder: special/particular

Schitterend: dazzling

Opstijgen: to take off/to ascend

Magisch: magical

Zeemeermin: mermaid

Staart: tail

Schubben: scales

Glimlachen: to smile

Avontuur: adventure

Sprakeloos: speechless

Opwinding: excitement

Knikken: to nod

Duiken: to dive

Onderwater: underwater

Betoverend: enchanting

Kleurrijk: colorful

Koraalrif: coral reef

Vis: fish

Zeeschildpad: sea turtle

Grot: cave

Verborgen: hidden

Schat: treasure

Parel(s): pearl(s)

Edelsteen: gemstone

Adembenemend: breathtaking

Bewonderen: to admire

Terugkeren: to return

Lucht: sky

Oranje: orange

Roze: pink

Goud: gold

Schilderij: painting

Ongeloofelijk: unbelievable

Afscheid nemen: to say goodbye

Ervaring: experience

Hart: heart

Bewaren: to keep/to preserve

Koesteren: to cherish

Exercises:

<u>True or False:</u>

a) Sarah lives in a big village next to the coast.
(True/False)

b) The mermaid has a tail and scales. (True/False)

c) Sarah and the mermaid find treasure in a cave.
(True/False)

d) De zonsondergang is grijs en somber. (True/False)

e) Sarah cherishes the memories of the mermaid and the
treasure. (True/False)

<u>Fill in the blanks with the correct words:</u>

a) De zeemeermin heeft een _____ staart.

b) Sarah en de zeemeermin _____ samen in de
zee.

c) Ze zien kleurrijke vissen en _____
onderwater.

d) De schildpad wijst hen de weg naar een _____.

e) Sarah koestert de _____ aan haar ontmoeting.

Translate the following sentences to Dutch:

a) Sarah loved the beach and the sea.

_____.

b) She couldn't believe her eyes.

_____.

c) Sarah and the mermaid want to find the treasure.

_____.

d) They came across a friendly turtle.

_____.

Match the Dutch words with their English translations:

1. Kust   a. Adventure

2. Schubben   b. Heart

3. Zonsondergang   c. Sunset

4. Hart   d. Coast

5. Avontuur   e. Scales

Verhaal 14: De Reis naar Suriname

Er was eens een meisje genaamd Ishana. Ze was altijd al nieuwsgierig geweest naar andere landen en culturen. Op een dag hoorde ze over Suriname. Ishana besloot op avontuur te gaan en Suriname te verkennen.

Ishana vloog naar Paramaribo, de hoofdstad van Suriname. Ze was onder de indruk van de kleurrijke gebouwen en de vriendelijke mensen. Ishana besloot te leren over de geschiedenis van het land.

Ze bezocht Fort Zeelandia, een oud fort dat nu een museum is. Daar leerde ze over de koloniale periode en slavernij. Ishana was geëmotioneerd door de verhalen en besefte hoe belangrijk het is om te leren van het verleden.

Ishana ontmoette ook de inheemse bevolking, de inheemse Surinamers. Ze leerde over hun traditionele gewoontes en band met natuur. Ishana ging op een boottocht over de Surinamerivier en genoot van de prachtige omgeving.

Ishana ontdekte ook de keuken van Suriname. Ze proefde gerechten zoals roti en pom. Ze bezocht markten vol met groenten en fruit en genoot van de sfeer.

Na haar reis keerde Ishana terug naar huis met veel herinneringen aan Suriname. Er is veel te ontdekken en te leren over andere landen en culturen.

Ishana besloot om haar ervaringen te delen. Ze vertelde verhalen over de geschiedenis, de natuur en de keuken van Suriname. Ze hoopte mensen te inspireren om de wereld te verkennen.

Vocabulary List:

Nieuwsgierig: curious

Land: country

Cultuur: culture

Besluiten: to decide

Avontuur: adventure

Verkennen: to explore

Vliegen naar: to fly to

Hoofdstad: capital

Onder de indruk zijn van: to be impressed by

Kleurrijke: colorful

Gebouwen: buildings

Vriendelijke: friendly

Mensen: people

Geschiedenis: history

Bezoeken: to visit

Koloniale periode: colonial period

Slavernij: slavery

Geëmotioneerd: emotional

Verhalen: stories

Beseffen: to realize

Het verleden: the past

Ontmoeten: to meet

Inheemse bevolking: indigenous population

Inheemse Surinamers: indigenous Surinamese

Traditionele gewoontes: traditional habits

Band: bond

Natuur: nature

Boottocht: boat trip

Genieten: to enjoy

Prachtig: beautiful

Omgeving: surroundings

Keuken: cuisine

Proeven: to taste

Gerechten: dishes

Markten: markets

Groenten: vegetables

Fruit: fruit

Sfeer: atmosphere

Terugkeren: to return

Herinneringen: memories

Ontdekken: to discover

Leren: to learn

Ervaringen: experiences

Delen: to share

Vertellen: to tell

Hopen: to hope

Inspireren: to inspire

Wereld: world

Exercises:

<u>True or False:</u>

a) Ishana is interested in other countries and cultures. (True/False)

b) Suriname has a rich history. (True/False)

c) Ishana visits Fort Zeelandia en learns about slavery. (True/False)

d) Ishana meets the Indiginous Surinamese. (True/False)

e) Ishana eats a traditional Dutch meal in Suriname. (True/False)

<u>Fill in the blanks with the correct words:</u>

a) Ishana vliegt naar Paramaribo, de _____ van Suriname.

b) Ze bezocht een oud _____ dat nu een museum is.

c) Ishana gaat met de inheemse Surinamers op een _____ over de Surinamerivier.

d) Ze proeft verschillende _____ van de Surinaamse keuken.

e) Ishana deelt haar _____ met anderen.

Translate the following sentences to Dutch:

a) Ishana decided to share her experiences

_____.

b) She hoped to inspire people to explore the world.

_____.

c) She learned about their traditional habits.

_____.

d) She visited markets full of fruits and vegetables.

_____.

Match the Dutch words with their English translations:

1. Gebouwen   a. Capital

2. Cultuur   b. Customs

3. Keuken   c. Culture

4. Hoofdstad   d. Buildings

5. Gewoontes   e. Cuisine

Verhaal 15: Anna en de Dappere Actie

Er was eens een meisje genaamd Anna. Ze woonde in een dorp tijdens de oorlog. Op een dag besloot Anna om haar landgenoten te helpen. Ze sloot zich aan bij een groep die tegen de bezetters vocht.

Anna deed belangrijk werk. Ze hielp met het versturen van geheime berichten en bracht informatie van de ene plek naar de andere. Ze was altijd voorzichtig, omdat de bezetters haar niet mochten vinden.

Op een dag kreeg Anna een <u>speciale opdracht</u>. Ze moest een <u>trein</u> <u>saboteren</u>. Deze trein bracht <u>spullen</u> voor de bezetters. Anna zorgde ervoor dat de trein <u>ontspoorde</u>. Hierdoor konden de bezetters de spullen niet gebruiken.

Anna werd een <u>heldin</u>. Haar <u>moed</u> <u>inspireerde</u> anderen om ook <u>in het geheim</u> te <u>vechten</u> voor <u>vrijheid</u>. Na de oorlog was <u>iedereen</u> <u>trots</u> op Anna en haar <u>bijdrage</u> aan de <u>bevrijding</u> van het land.

Het verhaal van Anna laat zien dat zelfs in <u>moeilijke tijden</u>, gewone mensen <u>moedig</u> kunnen zijn.

Vocabulary List:

Meisje: girl

Dorp: village

Oorlog: war

Landgenoten: fellow countrymen

Helpen: to help

Zich aansluiten aan: to join

Groep: group

Ergens tegenvechten: to fight against something

Bezetters: occupiers

Belangrijk: important

Versturen: to send

Geheime berichten: secret messages

Informatie: information

Voorzichtig: careful

Speciale opdracht: special mission

Trein: train

Saboteren: to sabotage

Spullen: stuff/goods

Ontsporen: to derail

Heldin: hero (female)

Moed: courage

Inspireerde: inspired

In het geheim: secretly

Vechten: to fight

Vrijheid: freedom

Iedereen: everyone

Trots: proud

Bijdrage: contribution

Bevrijding: liberation

Moeilijke tijden: difficult times

Moedig: courageous

Exercises:

<u>True or False:</u>

a) Anna joined a group fighting against the occupiers. (True/False)

b) She sent secret messages. (True/False)

c) Anna sabotaged an airplane carrying important goods. (True/False)

d) Her courage inspired others to fight for freedom. (True/False)

e) The country wasn't liberated from the occupiers. (True/False)

<u>Fill in the blanks with the correct words:</u>

a) Anna wilde haar _____ helpen tijdens de oorlog.

b) Ze hielp met _____ van geheime berichten.

c) Anna bracht _____ van de ene plek naar de andere.

d) Ze moest een trein _____.

e) Anna werd een _____.

Translate the following sentences to Dutch:

a) Anna became a hero.

_____.

b) She had to sabotage a train.

_____.

c) She was always careful.

_____.

d) She lived in a small village during the war.

_____.

Match the Dutch words with their English translations:

1. Helpen	a. Freedom
2. Groep	b. War
3. Informatie	c. Group
4. Vrijheid	d. To help
5. Oorlog	e. Information

Verhaal 16: Terug naar het Park

Het is een mooie <u>zonnige</u> dag en ik besluit naar het <u>park</u> te gaan. Ik neem mijn <u>picknickmand</u> mee en een <u>kleed</u> om op te zitten. Het park is vol met mensen die genieten van de <u>buitenlucht</u>.

Ik vind een <u>rustig plekje</u> onder een grote boom en spreid mijn kleed uit. Ik pak mijn <u>boek</u> en begin te lezen. Terwijl ik geniet van het verhaal, hoor ik <u>vrolijke</u> geluiden om me heen. <u>Kinderen</u> <u>rennen</u> en <u>spelen</u>, en ik zie mensen <u>wandelen</u> en <u>fietsen</u>.

Plotseling zie ik een <u>hond</u> aan komen rennen. Hij is zo <u>enthousiast</u> en heeft een <u>bal</u> in zijn bek. Hij komt naar me toe en legt de bal voor me neer. Ik <u>begrijp</u> dat hij wil spelen, dus ik gooi de bal voor hem.

De hond rent snel achter de bal aan en brengt hem terug. We spelen een tijdje samen en ik lach om zijn vrolijke <u>energie</u>. Hij lijkt me te begrijpen en we hebben een <u>speciale</u> band.

Na het spelen besluit ik wat te <u>eten</u>. Ik haal mijn picknickmand tevoorschijn en geniet van een heerlijke lunch in de buitenlucht. Ik zie <u>eenden</u> zwemmen in de <u>vijver</u> en hoor de <u>vogels</u> <u>fluiten</u>. Het is zo <u>vredig</u> en <u>ontspannend</u>.

Terwijl ik mijn lunch eet, merk ik een <u>groep</u> mensen die een <u>potje jeu de boules</u> spelen. Het ziet er zo <u>gezellig</u> uit dat ik besluit mee te doen. Ik maak nieuwe vrienden en we <u>lachen</u> en genieten van het spel.

Na een dag vol <u>plezier</u> en ontspanning pak ik mijn <u>spullen</u> in en maak ik me klaar om naar huis te gaan. Ik voel me <u>voldaan</u> en <u>gelukkig</u> na een dag in de natuur en de interactie met de hond en de nieuwe vrienden die ik heb gemaakt.

Vocabulary List:

Zonnig: sunny

Park: park

Picknickmand: picnic basket

Kleed: blanket

Buitenlucht: outside air

Rustig plekje: quiet place

Boek: book

Vrolijk: cheerful

Kinderen: children

Rennen: to run

Spelen: to play

Wandelen: to walk

Fietsen: to bike

Hond: dog

Enthousiast: enthusiastic

Bal: ball

Begrijpen: to understand

Energie: energy

Speciaal: special

Eten: to eat

Eend: duck

Vijver: pond

Vogels: birds

Fluiten: to chirp

Vredig: peaceful

Ontspannend: relaxing

Groep: group

Potje jeu de boules: lawn bowls (ball game)

Gezellig: cozy

Lachen: to laugh

Plezier: fun

Spullen: stuff

Voldaan: satisfied

Gelukkig: happy

Exercises:

<u>True or False:</u>

a) The park is full of people. (True/False)

b) There are only swans in the pond. (True/False)

c) The person only plays with the dog. (True/False)

d) The lunch was eaten indoors. (True/False)

e) The person was satisfied with his/her day in the park. (True/False)

<u>Fill in the blanks with the correct words:</u>

a) De persoon leest een _____ onder de grote boom.

b) De hond wil _____ met de bal.

c) Ze genieten van een _____ in de buitenlucht.

d) De persoon maakt _____ vrienden bij het jeu de boules.

e) Na een dag vol plezier voelt de persoon zich

_____.

Translate the following sentences to Dutch:

a) I find a quiet place under a big tree

_____.

b) I see ducks swimming in the pond.

_____.

c) I feel satisfied and happy.

_____.

d) It is a nice, sunny day.

_____.

Match the Dutch words with their English translations:

1. Zonnig   a. Peaceful

2. Hond   b. Ball

3. Vredig   c. Dog

4. Bal   d. Sunny

5. Buitenlucht   e. Outside air

Answer Key

<u>Verhaal 1: Mijn Dag in het Park</u>

True or False:

a) False – Small city
b) False – Trees, flowers and a large lawn
c) True
d) True
e) False – Pictures of ducks

Fill in the blanks with the correct words:

a) bloemen
b) speelplaats
c) kaas
d) speelt (spelen)
e) vijver

Translate the following sentences to Dutch:

a) Ik woon in een kleine stad.
b) Ik wil ook spelen.
c) Het smaakt heerlijk.
d) Ik gooi de bal.
e) Het park is een geweldige plek om te zijn.

Match the Dutch words with their English translations:

1. C
2. D
3. E
4. A
5. B

Verhaal 2: De Verrassende Roadtrip

True or False:

a) True
b) False – Their first stop is Bruges
c) False – The atomium is located in Brussels, they visit the Cathedral of Our Lady and diamond district in Antwerp.
d) False – They visit the Gravensteen.
e) False – Their last stop is the Belgian coast.

Fill in the blanks with the correct words:

a) Roadtrip
b) Steden
c) Diamantindustrie
d) Bier
e) Bossen

Translate the following sentences to Dutch:

a) Ze wandelden langs het strand.
b) Ze genoten van de frisse lucht.
c) Hun eerste stop was de historische stad Brugge.
d) Ze bezochten een brouwerij.

Match the Dutch words with their English translations:

1. E
2. B
3. D
4. A
5. C

<u>Verhaal 3: De Reis van Woorden</u>

True or False:

a) True
b) False – about the Dutch language
c) True
d) True
e) False – a cup of coffee

Fill in the blanks with the correct words:

a) Taal
b) Bibliotheek
c) Regels
d) Taalcursus
e) Café

Translate the following sentences to Dutch:

a) Het was spannend.
b) Hij bestelde een kop koffie in het Nederlands.
c) Hij leerde over de regels van de Nederlandse taal.
d) Hij was trots op zijn vooruitgang.

Match the Dutch words with their English translations:

1. B
2. C
3. D
4. E
5. A

<u>Verhaal 4: Mijn Verrassende Dag</u>

True or False:

a) True
b) True
c) False – Giraffe-shaped
d) True
e) True

Fill in the blanks with the correct words:

a) Acht (8)
b) Pannenkoeken
c) Tijgers
d) Schommel – Glijbaan
e) Gezond

Translate the following sentences to Dutch:

a) Vandaag is een speciale dag.
b) Ik maak veel foto's.
c) Ze hebben mijn favoriete eten besteld.
d) Ik geniet van mijn maaltijd
e) Ik hou van dieren

Match the Dutch words with their English translations:

1. D
2. C
3. E
4. A
5. B

Verhaal 5: Het Bijzondere Delfts Blauwe Tegeltje

True or False:

a) True
b) False – Delft blue tile come in different pictures.

c) False – The first tiles were made in the 17th century.
d) True
e) True

Fill in the blanks with the correct words:

a) Bijzonder
b) Zeventiende/17e
c) Tegel
d) Workshop

Translate the following sentences to Dutch:

a) Het tegeltje had een afbeelding van een windmolen en een koe.
b) Het werd voor het eerst geproduceerd in de 17e eeuw.
c) Jonas kreeg een wit tegeltje.
d) Hij was trots op zijn kunstwerk

Match the Dutch words with their English translations:

1. A
2. E
3. C
4. D
5. B

Verhaal 6: Het Geheimzinnige Verdwenen Voorwerp

True or False:

a) True
b) True
c) False – under the couch

d) True
e) False – Miss Jansen thanked tom for his help

Fill in the blanks with the correct words:

a) Verdwijning
b) Glinsteren
c) Voorwerpen
d) Hondentraining
e) Beloning

Translate the following sentences to Dutch:

a) Tom was tevreden dat hij het mysterie had opgelost.
b) Hij besloot verder te onderzoeken.
c) Haar ketting was verdwenen.
d) Hij stelde vragen en zocht naar aanwijzingen.

Match the Dutch words with their English translations:

1. C
2. D
3. A
4. B
5. E

<u>Verhaal 7: Mijn Nieuwe Vriend</u>

True or False:

a) True
b) False – Usually in her backyard
c) True
d) True
e) False – Not specified

Fill in the blanks with the correct words:

   a)   Speelplaats
   b)   Hond
   c)   Vrienden
   d)   Rennen
   e)   Boom

Translate the following sentences to Dutch:

   a)   Het is een perfecte dag.
   b)   Ik speel meestal in mijn achtertuin
   c)   Vandaag is een ongewone dag voor mij
   d)   Hij lijkt zo blij.

Match the Dutch words with their English translations:

   1.   D
   2.   E
   3.   C
   4.   A
   5.   B

Verhaal 8: De Verloren Liefdesbrief

True or False:

   a)   True
   b)   False – Nobody knew the answer
   c)   False – Tim is in love with an unspecified girl.
   d)   True
   e)   True

Fill in the blanks with the correct words:

   a)   Verlegen

b) Liefdesbrief
c) Afzender
d) Woorden
e) Verrast

Translate the following sentences to Dutch:

a) Tessa was blij dat ze had kunnen helpen.
b) Het briefje was een liefdesbrief voor een meisje.
c) Onderweg zag ze een jongen die naar haar glimlachte.
d) Samen schreven ze een nieuwe brief.

Match the Dutch words with their English translations:

1. C
2. E
3. D
4. B
5. A

Verhaal 9: De Magische Ster

True or False:

a) True
b) True
c) True
d) True
e) True

Fill in the blanks with the correct words:

a) Aangetrokken
b) Tuin
c) Glinsterend

d) Elfje

e) Grot

Translate the following sentences to Dutch:

a) Ze hield ervan om naar de sterren te kijken.

b) Het was de bron van het magische licht.

c) Ze volgde de ster met haar ogen.

d) De bloemen in de tuin waren helder en kleurrijk.

Match the Dutch words with their English translations:

1. D

2. A

3. E

4. C

5. B

Verhaal 10: De Verloren Kat

True or False:

a) False – She likes animals and especially cats.

b) True

c) True

d) False – The owners were happy and thanked Jozefien.

e) True

Fill in the blanks with the correct words:

a) Melk

b) Foto

c) Bracht

d) Blij

e) Vrienden

Translate the following sentences to Dutch:

    a) De kat was verdwaald.
    b) Ze maakte een foto van de kat.
    c) Gelukkig herkenden haar buren de kat.
    d) Jozefien had een nieuwe vriend gevonden.
    e) Ze hield van dieren en vooral van katten.

Match the Dutch words with their English translations:

    1. E
    2. C
    3. D
    4. B
    5. A
    1. B

Verhaal 11: Het Muzikale Avontuur

True or False:

    a) True
    b) True
    c) True
    d) False
    e) True

Fill in the blanks with the correct words:

    a) Liedjes
    b) Nummers/liedjes
    c) Gitaar
    d) Muziek
    e) Lied

Translate the following sentences to Dutch:

a) Roos was dankbaar voor haar avontuur.
b) Ze schreef een tekst over haar liefde voor muziek.
c) Ze deelde haar liedje met haar vrienden.
d) Ze bleef nieuwe Nederlandse artiesten ontdekken.

Match the Dutch words with their English translations:

1. C
2. D
3. E
4. A
5. B

Verhaal 12: De Nieuwe Buurvrouw

True or False:

a) True
b) False – tidy house
c) True
d) True
e) False - Tea

Fill in the blanks with the correct words:

a) Buurvrouw
b) Park
c) Thee
d) Bibliotheek
e) Dankbaar

Translate the following sentences to Dutch:

a) Ik woon in een rustige straat.
b) Het voelde alsof we elkaar al lang kenden.

c) Haar huis was net en gevuld met planten.
d) Maria wees naar de mooie bloemen langs de weg.

Match the Dutch words with their English translations:

1. D
2. A
3. E
4. C
5. B

Verhaal 13: De Magische Zonsondergang

True or False:

a) False – a small town
b) True
c) True
d) False – Colorful and bright
e) True

Fill in the blanks with the correct words:

a) Prachtige
b) Duiken
c) Koraalriffen
d) Grot
e) Herinnering

Translate the following sentences to Dutch:

a) Sarah hield van de zee en het strand.
b) Ze kon haar ogen niet geloven.
c) Sarah en de zeemeermin willen de schat vinden.
d) Ze kwamen een vriendelijke zeeschildpad tegen.

Match the Dutch words with their English translations:

1. D
2. E
3. C
4. B
5. A

Verhaal 14: De Reis naar Suriname

True or False:

a) True
b) True
c) True
d) True
e) False – She tries dishes like roti and pom.

Fill in the blanks with the correct words:

a) Hoofdstad
b) Fort
c) Boottocht
d) Gerechten
e) ervaringen

Translate the following sentences to Dutch:

a) Ishana besloot om haar ervaringen te delen.
b) Ze hoopte mensen te inspireren om de wereld te verkennen.
c) Ze leerde over hun traditionele gewoontes
d) Ze bezocht markten vol met groenten en fruit.

Match the Dutch words with their English translations:

2. D
3. C
4. E
5. A

Verhaal 15: Anna en de Dappere Actie

True or False:

a) True
b) True
c) False – She sabotaged a train.
d) True
e) False – The country gets liberated.

Fill in the blanks with the correct words:

a) Landgenoten
b) Versturen
c) Informatie
d) Saboteren
e) Heldin

Translate the following sentences to Dutch:

a) Anna werd een heldin.
b) Ze moest een trein saboteren.
c) Ze was altijd voorzichtig.
d) Ze woonde in een klein dorp tijdens de oorlog.

Match the Dutch words with their English translations:

1. D
2. C
3. E
4. A

5. B

Verhaal 16: Terug naar het Park

True or False:

a) True
b) False – There are ducks in the pond.
c) False – The person also plays jeu de boules.
d) False – The lunch was eaten outdoors.
e) True

Fill in the blanks with the correct words:

a) Boek
b) Spelen
c) Potje jeu de boules
d) Nieuwe
e) Voldaan en gelukkig

Translate the following sentences to Dutch:

a) Ik vind een rustig plekje onder een grote boom.
b) Ik zie eenden zwemmen in de vijver
c) Ik voel me voldaan en gelukkig.
d) Het is een mooie zonnige dag.

Match the Dutch words with their English translations:

1. D
2. C
3. A
4. B
5. E

Vocabulary List (all chapters)

A

Aangetrokken:	attracted
Aanwijzingen:	clues
Aap/apen:	monkey(s)
Aardewerk:	pottery
Achtertuin:	backyard
Adembenemend:	breathtaking
Afbeelding:	image
Afscheid nemen:	to say goodbye
Afzender:	sender
Altijd:	always
Antwoorden:	to answer
Appel:	apple
Architectuur:	architecture
Artiesten:	artists
Auto:	car
Avond:	evening
Avontuur:	adventure
Avontuurlijk:	adventurous

B

Bal:	ball
Ballon(nen):	balloon(s)
Band:	bond
Bank:	couch
Bedanken:	to thank
Bedenken:	to think of
Begrijpen:	to understand

Begroette me:	greeted me
Bekend worden:	become known
Beklimmen:	to climb
Belangrijk:	important
Beloning:	reward
Berg:	mountain
Beschilderen:	to paint
Beseffen:	to realize
Besluiten:	to decide
Bestellen:	to order
Betoverend:	enchanting
Bevrijding:	liberation
Bewaren:	to preserve
Bewonderen:	to admire
Bezetters:	occupiers
Bezoeken:	to visit
Bezorgen:	to deliver
Bibliotheek:	library
Bier:	beer
Bijdrage:	contribution
Bijzonder:	special/particular
Binnenkomen:	to come inside
Bladeren:	leaves
Blij:	happy
Blik:	look
Bloemen:	flowers
Boek:	book
Bomen:	trees
Boom:	tree
Boottocht:	boat trip
Bos:	forest
Boterham:	sandwich

Brengen:	to bring
Briefje:	letter
Bron:	source
Brouwerij:	brewery
Brouwproces:	brewing process
Buitengewoon:	extraordinary
Buitenlucht:	outside air
Buren:	neighbors

C

Cadeau(tjes):	gift(s)
Café:	pub
Charmant:	charming
Chocolade:	chocolate
Creativiteit:	creativity
Cultuur:	culture

D

Dankbaar:	grateful
Dansen:	to dance
Delen:	to share
Diep:	deep
Dieren:	animals
Dierentuin:	zoo
Dingen:	things
Divers:	diverse
Diversiteit:	diversity
Donker:	dark
Doorkruisen:	to traverse

Dorp:	village
Dorpje:	small village
Dromen:	dreams
Duiken:	to dive
Duits:	German

E

Edelsteen:	gemstone
Een beetje bang:	a little scared
Een foto nemen:	to take a picture
Eend:	duck
Eigen:	own
Eigenaar:	owner
Elfje:	elf
Elkaar:	each other
Emoties:	emotions
En nog veel meer:	and much more
Energie:	energy
Engels:	English
Enorm:	enormuous
Enthousiast:	enthusiastic
Ervan houden:	to love it/something
Ervaren:	to experience
Ervaring:	experience
Eten:	to eat

F

Familie:	family
Favoriet:	favorite

Feeststemming:	festive mood
Fietsen:	to bike
Fluisteren:	to whisper
Fluiten:	to chirp
Fonkelende:	sparkling
Foto:	photo
Frans:	French
Frisse lucht:	fresh air
Fruit:	fruit

G

Gangen:	hallways
Gebouwen:	buildings
Geëmotioneerd:	emotional
Geheime berichten:	secret messages
Geheimzinnig:	mysterious
Geleend:	borrowed
Geliefde:	beloved
Geluid:	sound
Gelukkig:	happy
Gemakkelijk:	easy
Gemeen hebben:	to have in common
Genieten:	to enjoy
Gerechten:	dishes
Geschiedenis:	history
Gevoelens:	feelings
Geweldig:	wonderful
Gezellig:	cozy
Gezelligheid:	coziness
Gezelschap:	company

Gezond:	healthy
Gitaar:	guitar
Glijbaan:	slide
Glimlachen:	to smile
Glinsteren:	to sparkle
Glinsterende:	sparkling
Gloed:	glow
Goedemiddag:	good afternoon
Golven:	waves
Gooien:	to throw
Goud:	gold
Grachten:	canals
Grasveld:	lawn
Groenten:	vegetables
Groep:	group
Grot:	cave

H

Hart:	heart
Haven:	harbor
Heerlijk:	delicious
Helder:	bright
Heldin:	hero (female)
Helpen:	to help
Hemel:	sky
Herinneren:	to remember
Herinneringen:	memories
Herkennen:	to recognize
Historisch:	historical

Hond:	dog
Hondentraining:	dog training
Hoofd:	head
Hoofdstad:	capital
Hoog:	high
Hopen:	to hope
Huis:	home

I

Idee:	idea
Iedereen:	everyone
In het geheim:	secretly
Informatie:	information
Inleven:	to empathize
Inspireren:	to inspire
Instructies:	instructions
Interessant:	interesting
Introduceren:	to introduce

J

Jongen:	boy

K

Kaarsen:	candles
Kaas:	cheese
Kamer:	room
Kasteel:	castle
Katten:	cats

Ketting:	necklace
Keuken:	cuisine/kitchen
Kind(eren):	child(ren)
Klaar zijn:	to be ready
Kleed:	blanket
Kleine stad:	small city
Kleurrijk:	colorful
Klopte op haar deur:	knocked on her door
Klusjes:	chores
Knikken:	to nod
Koe:	cow
Koesteren:	to cherish
Koken:	to cook
Koloniale periode:	colonial period
Kom:	bowl
Kop koffie:	cup of coffee
Kop thee:	cup of tea
Koraalrif:	coral reef
Kunstenaars:	artists
Kunstwerk:	artwork
Kust:	coast
Kwispelen:	to wag

L

Laatste:	last
Lachen:	to smile/to laugh
Land:	country
Landgenoten:	fellow countrymen
Landschappen:	landscapes/sceneries
Lang:	long

Lastig:	difficult
Leerzaam:	educational
Leeuw(en):	lion(s)
Leraar:	teacher
Leren:	to learn
Lezen:	to read
Licht:	light
Lidwoorden:	articles
Liedjes:	songs
Liefde:	love
Liefdesbrief:	loveletter
Liggen:	to lay
Lokaal:	local
Lucht:	sky
Luisteren:	to listen
Lunch:	lunch

M

Magisch:	magical
Markten:	markets
Medewerker:	staff member
Meenemen naar:	take along to
Meestal:	mostly/usually
Meezingen:	to sing along
Meisje:	girl
Melk:	milk
Mensen:	people
Middag:	noon
Middeleeuws:	medieval
Moed:	courage

Moedig:	courageous
Moeilijke tijden:	difficult times
Molens:	mills
Museum:	museum
Muziek:	music
Muziekgeschiedenis:	music history
Muzikaal avontuur:	musical adventure
Mysterie:	mystery
Mysterieus:	mysterious

N

Na een tijdje:	after a while/after some time
Naar buiten gaan:	to go outside
Namen:	names
Natuur:	nature
Nederlandse taal:	Dutch language
Neerzetten:	to put down
Net:	tidy
Niemand:	nobody
Nieuw:	new
Nieuwsgierig:	curious
Nooit meer:	never again
Nostalgisch:	nostalgic
Nummers:	songs

O

Ober:	waiter
Oefenen:	to practice
Ogen:	eyes
Omgeving:	surroundings
Onbekend:	unknown
Onderwater:	underwater
Onderweg:	en route/on the way
Onderzoeken:	to investigate
Ongeloofelijk:	unbelievable
Ongewoon:	unusual
Ontdekken:	to discover
Ontmoeten:	to meet
Ontspannen:	relaxed
Ontspannend:	relaxing
Ontsporen:	to derail
Onvergetelijk:	unforgettable
Oorlog:	war
Op die manier:	that way
Op het moment van:	at the moment of
Open veld:	open field
Opgewonden:	excited
Oplossen:	to solve
Oplossing:	solution
Opnieuw gebeuren:	to happen again
Opstijgen:	to take off/to ascend
Opwinding:	excitement
Oranje:	orange
Oud:	old
Ouders:	parents

P

Pannenkoeken:	pancakes
Parel(s):	pearl(s)
Park:	park
Picknicken:	to have a picnic
Picknickmand:	picnic basket
Pinguïn(s):	penguin(s)
Plannen:	plans
Planten:	plants
Plek:	place
Plezier:	fun
Plotseling:	suddenly
Portie:	portion
Potje jeu de boules:	lawn bowls (ball game)
Prachtig:	beautiful
Proberen:	to try
Produceren:	to produce
Proeven:	to taste

R

Regels:	rules
Reis:	journey
Reizen:	to travel
Ren(nen):	to run
Rijk:	rich
Rivier:	river
Rondrennen:	to run around
Rood:	red
Roze:	pink
Ruiken:	to smell

Rustig: quiet

S

Saboteren: to sabotage
Samen: together
Schat: treasure
Schatkist: treasure chest
Schattig: cute
Schijnen: to shine
Schilderij: painting
Schitterend: dazzling
Schommel: swing
Schubben: scales
Sfeer: atmosphere
Slavernij: slavery
Sleutel: key
Soms: sometimes
Spannend: exciting
Speciaal: special
Speelplaats: playground
Spelen: to play
Sprakeloos: speechless
Spreken: to speak
Spullen: stuff/goods
Staart: tail
Stad: city
Steen: stone
Sterren: stars
Stop: stop
Straat: street

Stralende ster:	shining star
Strand:	beach
Strelen:	to stroke
Sturen:	to send
Suggestie:	suggestion

T

Taak:	task
Taal:	language
Taalcursus:	language course
Taalspelletjes:	language games
Tafel:	table
Tas:	bag
Teksten:	lyrics
Telefoontje:	phone call
Teleurgesteld:	disappointed
Terugbrengen:	to bring back
Terugdenken aan:	to think back to
Teruggaan:	to go back
Terugkeren:	to return
Terwijl:	while
Tevreden:	satisfied
Tijger(s):	tiger(s)
Toekomst:	future
Toen:	when
Trein:	train
Trots:	proud
Tuin:	garden
Tulpen:	tulips

U

Uitdrukken:	to express
Uitgekozen:	chosen
Uitkomen:	to come true
Uitnodigen:	to invite
Uitprinten:	to print
Uitzicht:	view
Uniek:	unique

V

Vaardigheden:	skills
Vandaag:	today
Vastberadenheid:	determination
Vechten:	to fight
Veilig:	safe
Verassende:	surprising
Verbeteren:	to improve
Verbinden:	to connect
Verborgen:	hidden
Verder:	further
Verdwaald:	lost
Verdwenen:	disappeared
Verf:	paint
Verhalen:	stories
Verjaardag:	birthday
Verjaardagsdiner:	birthday dinner
Verjaardagsontbijt:	birthday breakfast
Verjaardagstaart:	birthday cake
Verkennen:	to explore
Verlegen:	shy

Verliefd zijn:	to be in love
Verrast:	surprised
Verschillende:	various
Verstoppen:	to hide
Verstoppertje:	hide and seek
Versturen:	to send
Vertellen:	to tell
Vervoegen:	to conjugate
Verwelkomen:	to welcome
Verwondering:	wonder
Vijver:	pond
Vis:	fish
Vlaamse frietjes:	Belgian fries
Vlaanderen:	Flanders
Vlakbij:	nearby
Vliegen naar:	to fly to
Voelen:	to feel
Vogel(s):	bird(s)
Voldaan:	satisfied
Volksmuziek:	folk music
Voorbereiden:	to prepare
Voorkomen:	to prevent
Vooruitgang:	progress
Voorwerpen:	objects
Voorzichtig:	careful
Vredig:	peaceful
Vriendelijk:	friendly
Vrienden:	friends
Vriendinnen:	friends (female)
Vriendschap:	friendship
Vrijheid:	freedom
Vrolijk:	cheerful

W

Wachten:	to wait
Waken:	to watch over
Wandelen:	to walk
Wandeling:	(a) walk
Wanhopig:	desperate
Warm:	warm
Wens:	wish
Wereld:	world
Wereldwijd:	worldwide
Werkwoorden:	verbs
Wezen:	creature
Windmolen:	windmill
Wit:	white
Wonen:	to live
Woorden:	words
Workshopdocent:	workshop teacher

Z

Zachtjes:	gently
Zaken:	business/matters
Zand:	sand
Zee:	sea
Zeemeermin:	mermaid
Zeeschildpad:	sea turtle
Zelf:	himself/herself
Zich aansluiten aan:	to join
Zinnen:	sentences
Zoektocht:	quest
Zoiets:	something similar

Zon:	sun
Zonnig:	sunny
Zonsondergang:	sunset
Zwemmen:	to swim

Notes